SECOND ALPHABET

OU

SYLLABAIRE

faisant suite

[illegible] ALPHABET ET AUX TABLEAUX DE LECTURE

PAR

MM. AUBRAYE et FÉRARD

INSTITUTEURS

[illegible] de la Grammaire et de l'Arithmétique des enfants, etc.

NOUVELLE ÉDITION

PRIX : 30 CENTIMES

CAEN

[illegible]EL, Libraire-Éditeur, rue Saint-Jean, 16.

PARIS

[illegible]E, Libraire, [illegible] 3. | Ve MAIRE-NYON, Libraire, Quai Conti, 13.

[illegible]ULLER, rue du Grand-Chantier, n° 3

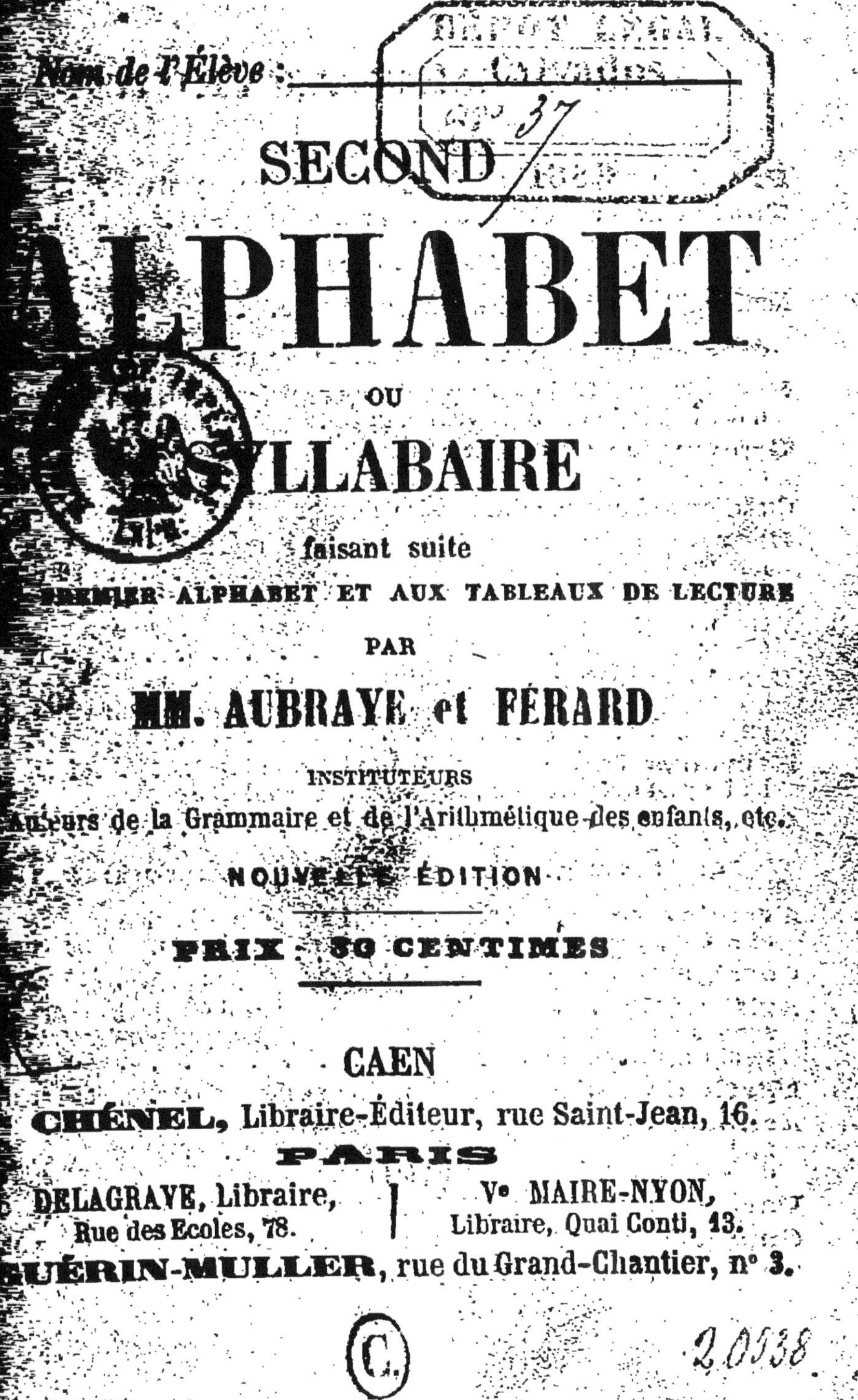

Nom de l'Élève :

SECOND ALPHABET

OU

SYLLABAIRE

faisant suite

PREMIER ALPHABET ET AUX TABLEAUX DE LECTURE

PAR

MM. AUBRAYE et FÉRARD

INSTITUTEURS

Auteurs de la Grammaire et de l'Arithmétique des enfants, etc.

NOUVELLE ÉDITION

PRIX : 30 CENTIMES

CAEN

CHÉNEL, Libraire-Éditeur, rue Saint-Jean, 16.

PARIS

DELAGRAVE, Libraire, Rue des Ecoles, 78. | Ve MAIRE-NYON, Libraire, Quai Conti, 13.

GUÉRIN-MULLER, rue du Grand-Chantier, n° 3.

DES MÊMES AUTEURS:

LECTURE.

Premier Alphabet à l'usage des commençants . . 10 cent.

Tableaux de Lecture (17 sur demi-raisin). . . . 1 fr.

ÉCRITURE.

Neuf feuilles de 8 modèles; chaque feuille. . . . . . 10 cent.

ORTHOGRAPHE ET GRAMMAIRE.

Petit Recueil de mots usuels, ou premiers exercices d'orthographe et de grammaire; in-12 (6000 mots). . 30 cent.

Grammaire des enfants, avec exercices en regard du texte et modèles d'analyse; par plusieurs Instituteurs. . . 60 cent.

Questionnaire sur la Grammaire des enfants. . . . . 10 cent.

Exercices orthographiques sur la même, in-12. 1 fr. 50

La 1re ou la 2e partie séparément . . . . 80 cent.

Cours de dictées, renfermant le corrigé des Exercices orthographiques et de nombreux exercices de style; fort in-12. . . . . 2 fr.

Grammaire française, d'après la méthode de Lhomond et les principes du Dictionnaire de l'Académie; un vol. in-12 de 200 pages . . . . 1 fr.

Exercices français et sujets de lettres; in-12. . . 1 fr. 25

La 1re partie séparément, 50 cent.; la seconde, 85 cent.

Corrigé des exercices français . . . . . . 1 fr. 50

CALCUL ET ARITHMÉTIQUE.

Premiers exercices de calcul sur la numération et les quatre règles, avec de nombreux problèmes. . 30 cent.

Corrigé des exercices de calcul (réponses). . 40 cent.

Arithmétique des enfants, ou Cours de calcul sur les quatre règles et le système métrique, par plusieurs Instituteurs; in-12 cartonné. . . . . 60 cent.

Partie du Maître de l'Arithmétique des enfants. . 80 cent.

Arithmétique élémentaire renfermant de nombreuses applications sur le système métrique, les règles de trois, d'intérêt, de société, les racines, le toisé, etc. 1 fr.

Partie du Maître de l'Arithmétique élémentaire. . 1 fr. 50

Supplément à l'Arithmétique élémentaire . . . . 15 cent.

Tableaux d'arithmétique. . . . . 50 cent.

AVERTISSEMENT.

Quand les enfants ont parcouru le premier syllabaire et les tableaux de lecture, ils ne sont généralement aptes qu'à assembler avec assez de peine, les divers éléments qui composent les phrases les plus employées.

L'expérience nous a prouvé que le moyen le plus simple, le plus sûr et le plus expéditif tout à la fois d'amener les enfants à lire couramment, c'est de continuer à leur mettre sous les yeux des mots divisés en syllabes, jusqu'à ce qu'ils énoncent assez rapidement ces syllabes pour comprendre ce qu'ils lisent.

On trouvera donc, dans ce petit livre, un grand nombre d'exercices d'épellation, destinés à familiariser les élèves avec les formes les plus diverses du langage usuel. Les enfants devront lire et relire chacune des leçons de ce second syllabaire, jusqu'à ce qu'ils commencent à saisir le sens des phrases qui leur passeront sous les yeux.

Dans la première partie, les lettres *nulles* sont en *italiques*; on se rappellera qu'on ne les prononce point. Quant aux syllabes, elles se trouvent séparées par des tirets au commencement de l'ouvrage, mais elles se rapprochent insensiblement à mesure qu'on avance vers la fin.

Après avoir formulé quelques remarques sur la lecture, nous donnons les principales prières, des préceptes religieux et moraux, des règles de conduite présentées sous la forme attrayante et simple de la conversation et appuyées de la force de l'exemple, c'est-à-dire une civilité en action suivie des traits les plus frappants de la Sainte Ecriture Nous terminons par les premières connaissances.

On reconnaîtra que notre but, ici comme ailleurs, est toujours d'instruire les enfants en les moralisant; de former leur cœur en même temps que leur jugement, et de leur faire aimer la religion et la vertu, seules capables de faire le bonheur de l'homme.

Procédés à suivre dans chaque Leçon.

1° Épeler à haute voix chaque syllabe ou chaque groupe de syllabes, jusqu'à une virgule ou un point ;

2° Lire à haute voix (sans épeler) jusqu'à la rencontre d'un signe de ponctuation ;

3° (Livre fermé) Épeler à haute voix une syllabe, une portion de phrase ou une phrase entière.

Nota. Le moniteur et le maître auront soin, non-seulement de faire lire les règles de lecture, mais encore de les expliquer sur le tableau noir ou sur le livre. Même observation relativement aux termes incompris des élèves.

Lecture courante. — Remarque importante.

Dès que les élèves commencent à lire couramment, nous recommandons, à l'exemple d'un des membres les plus éminents de l'Université, de leur adresser de nombreuses questions sur la leçon du jour. — Supposons que l'on vienne de lire la page 25 du présent volume, *le lever de l'enfant*; le Maître dira : *Qui est-ce qui se lève de bonne heure?* R. *Albert.—Quand se lève-t-il de bonne heure?* R. *Tous les matins.— Se fait-il prier ? — Non, M., sa maman ne l'appelle jamais deux fois. — Pourquoi ne se fait-il pas prier ? — Parce qu'il sait que la paresse est un vilain défaut. — Citez un vilain défaut.—La paresse.—Pourquoi la paresse est-elle un vilain défaut ? — Parce qu'elle nous empêche de remplir nos devoirs*, etc. Cet excellent exercice est un des meilleurs moyens que l'on puisse employer pour développer l'intelligence naissante des enfants, leur inspirer le goût de la lecture et hâter, par conséquent, leurs progrès.

a b c d e f — g h i j k l

A B C D E F — G H I J K L

m n o p q r s t u v x y z

M N O P Q R S T U V X Y Z

Syl-la-bes à re-pas-ser.

ja ga jo go ju gu

sa ca so co su ku

as ac os oc us uk

sar car lac cal cep pec

jan gan jon gon gou jou

sai cai soi coi sou cou

bein bien ciel ceil cour sour

j'ai l'hon s'il qu'il sœur cœur.

Epeler à haute voix, puis lire par lignes et par colonnes.
(Voir les procédés, p. 4.)

(Les lettres *couchées* sont nulles.)

1. **es** se pro-non-ce **è** dan*s*

les, des, mes, tes, ses.

2. **et, est** se prononce*nt* **è** dan*s*

il per-**met**, el-le pro-**met**,

je **mets**, tu re-**mets** l'ob-**jet.**

3. **en** se pro-non-ce **an** dan*s*

ven*t*, re-**fen***d*, el-le pr**en***d*, etc.

4. **em** et **en** se pro-non-ce*nt* **a** dan*s*

fem-me, pru-**dem**-men*t*[1], so-**len**-nel, so-**len**-ni-té.

5. **er** et **ez** se pro-non-ce*nt* **é** dan*s*

chan-**ter**, jou-**er**, man-**ger**;

chan-**tez**, jou-**ez**, man-**gez.**

6. **e** a-van*t* **x** se pro-non-ce **é**:

e-xé-cu-ter, **e**-xac-ti-tu-de.

Expliquer les règles sur les exemples, puis faire lire sans épeler jusqu'à une virgule ou un point. [1] en = an.

7. **ë, ï, ü**[1] se pro-non-*cent* sé-pa-ré-men*t* :

Mo-**ï**-se, Sa-**ül**, ci-gu**ë**, ai-gu**ë**.

8. **ch** se pro-non-ce **k** dans

é-c**h**o, c**h**œur, ar-c**h**an-ge.

9. **oi** se pro-non-ce **oa** :

m**oi**, t**oi**, s**oi**, n**oi***x*, p**oi**-son.

10. **s** entre deux vo-yel-le*s* se pro-non-ce **z**[2] :

lé ti-**s**on, la sai-**s**on des ro-**s**e*s*.

11. **t** se pro-non-ce **c** dans

na-**t**ion, na-**t**io-nal, pa-**t**ien-ce, par-**t**iel, im[3]-par-**t**ial, pé-ti-**t**ion.

Pro-non-cia-tion de l'y et des ll mouil-l*ées*.

Pa-ys, mo-yen, en-nu-yer,
(*pai-i*) (*moi-ien*) (*an-nui-ié*)
tail-le, veil-le, mouil-la-ge,
(*ta-ie*) (*vei-ie*) (*mou-ia-ge*).

---

[1] Avec un tréma.—[2] Les voyelles sont *a*, e, i, o, u, y.—[3] im=in.

*A*oût, bap-tê-me, comp-te, sculp-teur ; j'*e*us, tu *e*us, il *eut*, nous *e*û-mes soif, vous *e*û-tes grand' peur ; ils *e*u-re*nt* rai-**s**on[2].

E-XER-CI-CES SUR LES RÈ-GLES.

Les bel-les pa-ru-res pas-se*nt* ; **les** ver-tus seu-les res-te*nt*. J'ad-**mets ces** vé-ri-tés. A-gis-s**ez** tou-jours pru-d**em**-m**en***t*[3], so-**yez e**-xact, ré-sis-t**ez** au*x* mau-vai-ses p**en**[1]-sées. Mo-**ï-s**e con-dui-**s**i*t* **les** en-fan*ts* d'Is-ra-**ë**l dans les dé-**s**erts de l'A-ra-bi*e*, près du mon*t* Si-na-**ï**.

In-vo-qu**er** l'ar-**ch**an-ge sain*t* Mi-chel. Tra-vai**l**-l**er** a-vec at-ten-**t**ion à s**es** de-v**oi**r*s*.

---

(1) Les lettres *couchées* sont nulles. — Rappeler les règles.
[2] *s* entre deux voyelles = z. — [3] en = au.

L'O-RAI-SON DO-MI-NI-CA-LE.

No-tre Pè-re, qui ê-te*s* au*x* Cieu*x*, que vo-tre **nom**[1] soi*t* sanc-ti-fié, que vo-tre rè-gne a*r*-ri-ve ; que vo-tre vo-lon-té soi*t* fai-te en la ter-re co*m*-me au ciel.

Do*n*-**nez**[2]-nou*s* au-jour-d'*h*ui no-tre pain de cha-que jour ; par-do*n*-**nez**[2]-nou*s* no*s* o*f*-fen-se*s* co*m*-me nou*s* par-do*n*-non*s* à ceu*x* qui nou*s* on*t* o*f*-fen-sé*s*, **et**[3] ne nou*s* lai*s*-s**ez**[2] pa*s* su*c*-**com**[1]-**ber**[2] à la **ten**[4]-ta-tion[5], mais dé-li-vr**ez**[2]-nou*s* du mal. Ain-si soi*t*-il.

Lire, sans épeler, à haute voix, les mots de cette page. On dira *suivant* ! aux virgules et aux points. Les lettres *couchées* sont nulles.

Règles à rappeler : [1] om=on. [2] er *et* ez=é. [3] et = é. [4] en=an. [5] t=c.

Je vous sa-lu*e*, Ma-ri*e*, plei-ne de grâ-ce, le Sei-gneur **es***t*[2] a-vec vou*s*; vou*s* ê-te*s* bé-ni*e* en-tre tou-te*s* **les**[2] **fem**[3]-me*s*, **et**[4] Jé-**s**u*s*[5], le frui*t* de vo*s* en-tra**il-les***s*[6], **es***t*[2] bé-ni.

Sain-te Ma-ri*e*, mè-re de Dieu, pri-**ez**[7] pour nou*s*, pau-vre*s* pé-cheur*s*, main-te-nan*t* **et**[4] à l'*h*eu-re de no-tre mor*t*. Ain-si soi*t*-il.

LE SYM-BO-LE DES A-PÔ-TRES.

Je croi*s* en Dieu, le Pè-re tou*t*-pui*s*-san*t*, cré-a-teur du ciel **et**[4] de la ter-re, **et**[4] en Jé-su*s*-C*h*ris*t*, son fi*ls* u-ni-que, no-tre Sei-gneur, qui a é-té

Lire comme ci-devant.—Règles à rappeler : [1] t=c. [2] es = è. [3] em=a. [4] et = é. [5] s = z entre deux voyelles. [6] il-le = ie. [7] ez = é.

con-**çu**[1] du- Sain*t*-Es-pri*t*, **es*t***[2] né de la Vier-ge Ma-ri*e*, a sou*f*-fer*t* sou*s* Pon-ce-Pi-la-te, a é-té cru-ci-fié, **es*t***[2] mor*t*, a é-té en-se-ve-li, **es*t***[2] des-cen-du au*x* en-fer*s*, le troi-**s**iè[3]-me jour **es*t***[2] res-sus-ci-té d**es**[2] mort*s*, **es*t***[2] mon-té au*x* cieu*x*, **es*t***[2] a*s*-si*s* à la droi-te de Dieu, le Pè-re tou*t*-pui*s*-san*t*, d'où il vien-dra ju-g**er**[4] l**es**[2] vi-vant*s* et l**es**[2] mort*s*.

Je croi*s* au Sain*t*-Es-pri*t*, la sain-te E-gli-**s**e[3] ca-t*h*o-li-que, la co*m*-mu-nion d**es**[2] saint*s*, la ré-mi*s*-sion d**es**[2] pé-ché*s*, la ré-**s**ur[3]-rec-**t**ion[5] de la chair, la vi*e* é-ter-nel-le. Ain-si soi*t*-il.

Règles à rappeler : [1] ç = s. [2] es = è. [3] s = z. [4] er = é. [5] t = c.

Je me con-fes-se à Dieu tout puis-sant, à la bien-heu-reu-se[2] Ma-rie tou-jours vier-ge, à saint Mi-chel ar-chan[3]-ge, à saint Jean-Bap-tis-te, aux bien-heu-reux a-pô-tres saint Pier-re et[4] saint Paul, et[4] à tous les[1] saints, par-ce que j'ai beau-coup pé-ché en pen-sées, pa-ro-les, ac-tions[5] et o-mis-sions; par ma fau-te, par ma fau-te, par ma très-gran-de fau-te.

C'est[1] pour-quoi je prie la bien-heu-reuse[2] Ma-rie tou-jours vier-ge, saint Mi-chel ar-chan[3]-ge, saint Jean-Bap-

Règles à rappeler : [1] es = è. [2] s = z. [3] ch = k. [4] et = é. [5] t = c.

tis-te, **les**[1] bien-*h*eu-reu*x* a-pô-tre*s* sain*t* Pier-re et sain*t* Paul, et tous **les**[1] saint*s*, de pri-**er**[2] pour moi le Sei-gneur no-tre Dieu.

BÉ-NÉ-DIC-*t*ION[3].

Que le Dieu tou*t* pui*s*-san*t* nous fa*s*-se mi-**s**é[4]-ri-cor-de et qu'a-prè*s* nou*s* a-voir par-do*n*-né no*s* pé-ché*s* il nou*s* con-dui-**s**e[4] à la vi*e* é-ter-nel-le. Ain-si soi*t*-il.

AB-SO-LU-*t*ION[3].

Que le Sei-gneur tou*t* puis-san*t* et mi-**s**é[4]-ri-cor-dieu*x* nous a*c*-cor-de le par-don, l'ab-so-lu-**t**ion[3] et la ré-mis-sion de nos pé-ché*s*. Ain-si soi*t*-il.

Règles à rappeler : [1] lès = lè. [2] er = é. [3] t = c. [4] s = z.

Mon Dieu, je **crois**[1] fer-me-**ment**[2] tout ce que vous a-**vez**[3] ré-vé-lé, **et**[4] que l'É-gli-**se**[5] nous pro-po-**se**[5] de **croi**[1]-re : je le **crois**[1], ô mon Dieu, par-ce que vous ê-tes la vé-ri-té même, **et**[4] que vous ne pou-**vez**[3] ni vous **trom**[6]-**per**[3], ni nous **trom**[6]-**per**[3].

AC-TE D'ES-PÉ-RAN-CE.

Mon Dieu, jes-pè-re que vous me fe-**rez**[3] la grâ-ce, par **les**[7] mé-ri-tes de Jé-sus-Christ, de vous ser-vir fi-dè-le-**ment**[2] sur la ter-re, et de vous pos-sé-**der**[3] é-ter-nel-le-**ment**[2] dans le ciel.

---

(1) *Foi, moi, loi, soi*, etc., se prononcent *foa, moa, toa, soa*. Notez aussi la prononciation du mot *Dieu* (Di-eu).

Règles à rappeler : [1] oi = oa. [2] en = an. [3] er, ez = é. [4] et = é. [5] s = z. [6] om = on. [7] les = lè.

Mon Dieu, je vous ai-me de tout mon cœur et par des-sus tou-tes cho-ses[1], par-ce que vous ê-tes in-fi-ni-ment[2] bon et in-fi-ni-ment[2] ai-ma-ble; j'ai-me aus-si mon pro-chain com-me moi-même pour l'a-mour de vous.

AC-TE DE CON-TRI-TION[3].

Mon Dieu, j'ai un très-grand re-gret[4] de vous a-voir of-fen-sé par-ce que vous ê-tes in-fi-ni-ment[2] bon, et[5] que le pé-ché vous dé-plaît; je fais u-ne fer-me ré-so[1]-lu-tion, mo-yen[6]-nant vo-tre sain-te grâ-ce, de ne plus vous of-fen-ser[7] à l'a-ve-nir.

Règles à rappeler; [1] s = z. [2] en = an. [3] t = c. [4] et = è. [5] et = é. [6] y = deux i : moi-ien. [7] er = é.

EN S'É-VEIL-LANT[1].

† Au nom du Pè-re, et du Fi*ls*, et du Sain*t*-Es-pri*t*.

Ain-si s**oi***t*[2]-il.

Mon Dieu, je vou*s* re-mer-ci*e* trè*s*-*h*um-ble-men*t* de tou-te*s* les grâ-ce*s* que vous m'a-vez fai-te*s* jus-qu'i-ci. C'es*t* en-co-re par un e*f*-fet de vo-tre bon-té que je vois[2] ce jour; je veu*x* au*s*-si l'em-plo-**y**er[3] u-ni-que-men*t* à vou*s* ser-vir : je vou*s* con-sa-cre tou-te*s* mes pen-sé*es*, tou-te*s* mes pa-ro-le*s*,

---

1 Règles à rappeler : = Il devra suffire maintenant de rappeler les règles qui pourraient arrêter l'élève, ou les moins connues : [1] illan = ian. [2] soi*t* = soa. [3] ployer = ploi-ier. L'*y* se prononce comme deux *i* dans le corps des mots après une voyelle.

tou-tes mes ac-tions et tou-tes mes pei-nes ; bé-nis-sez-les, Sei-gneur, a-fin qu'il n'y en ait au-cu-ne qui ne soit a-ni-mée de vo-tre a-mour et qui ne ten-de à votre plus gran-de gloi-re.

A-VANT LE RE-PAS (Bé-né-di-ci-té).

℣. Bé-nis-sez. ℟. C'est au Sei-gneur à nous bé-nir.

Que la main de Jé-sus-Christ nous bé-nis-se ; qu'el-le bé-nis-se aus-si la nour-ri-tu-re que nous al-lons pren-dre.

† Au nom du Pè-re, et du Fils, et du Saint-Es-prit.

Ain-si soit-il.

Rappeler que *mes*, *les*, etc., se prononcent *mè*, *lè*, etc., et que les lettres couchées ne se prononcent pas.

Nous vous ren-dons grâ-ces de tous vos bien-faits, Dieu tout-puis-sant, qui vi-vez et ré-gnez dans tous les[1] siè-cles des[1] siè-cles. Ain-si soit-il.

℣. Bé-nis-sons le Sei-gneur.

℟. Ren-dons grâ-ces à Dieu.

Que les â-mes des Fi-dè-les dé-funts re-po-sent[2] en paix par la mi-sé[2]-ri-cor-de de Dieu.

† Au nom du Père, et du Fils, et du Saint-Esprit.

Ain-si soit-il.

---

[1] Rappeler que *les, des*, etc., se prononcent *lè dè*, etc.

[2] s = z entre deux voyelles.

Ve-nez[2], Es-pri*t* sain*t*, rem-pli*s*-sez[2] les cœur*s* de vo*s* Fi-dè-le*s*, et al-lu-mez-y le feu sa-cré de vo-tre a-mour.

℣. En-vo-yez vo-tre Es-pri*t* cré-a-teur.

℟. Et il re-nou-vel-le-ra la fa-ce de la ter-re.

O Dieu, qui a-vez ins-trui*t* et é-clai-ré les â-me*s* des Fi-dè-le*s* par la lu-miè-re du Saint-Esprit, don-nez-nou*s* cet Es-pri*t* sain*t*, qui nou*s* fas-se goû-ter et ai-mer le bien, et qui ré-pan-de tou-jours en nous sa con-so-la-tion[3].

---

[1] travail = tra-va-ie. [2] ez = é. [3] tion = cion.

Par No-tre-Sei-gneur Jé-sus-Christ. Ain-si soit-il.

A-PRÈS LE TRA-VAIL.

Sain-te Mè-re de Dieu, nous nous met-tons sous vo-tre pro-tec-tion[1] ; ne re-je-tez pas les pri-è-res que nous vous a-dres-sons dans nos be-soins ; mais dé-li-vrez-nous de tout dan-ger par vo-tre in-ter-ces-sion, ô Vier-ge glo-ri-eu-se[2] et di-gne de tou-te lou-an-ge.

O Ma-rie, con-çue[3] sans pé-ché, pri-ez pour nous, qui a-vons re-cours à vous.

---

[1] tion = cion. [2] s = z. [3] ç = s.

Prière à la Vierge.

Sou-ve-nez-vous, ô très-pieu-se Vier-ge Ma-rie, qu'on n'a ja-mais en-ten-du di-re qu'au-cun de ceux qui ont eu re-cours à vous, im-plo-ré vo-tre as-sis-tan-ce et ré-cla-mé vos suf-fra-ges, ait é-té a-ban-don-né. A-ni-mé par cet-te con-fi-an-ce, je viens, ô Vier-ge des Vier-ges, me je-ter en-tre vos bras, et gé-mis-sant sous le poids de mes pé-chés, je me pros-ter-ne à vos pieds[1] ; Mè-re du Ver-be, ne re-je-tez pas mes pri-è-res, mais dai-gnez les e[2]-xau-cer.

[1] eds = é. [2] e, avant x, = é.

Bé-nis-sez[1], ô mon Dieu, le re-pos que je vais pren-dre pour ré-pa-rer[1] mes for-ces, a-fin de vous mieux ser-vir. Vier-ge sain te, Mè-re de mon Dieu, et a-près lui mon u-ni-que es-pé-ran-ce; mon bon An-ge, mon sain*t* Pa-tron, in-ter-cé-dez pour **moi**[2], pro-té-gez-moi[2] pen-dan*t* cet-te nui*t*, tou*t* le tem*ps*[3] de ma vie, et par-ti-cu-liè-re-men*t* à l'heu-re de ma mort.

Que le se-cours de Dieu de-meu-re tou-jours a-vec nous. Ain-si soi*t*-il.

---

[1] er et ez = é [2] oi = oa [3] em = an.

Craignez Dieu et observez ses commandements.

Ne remettons pas à demain le bien que nous pouvons faire aujourd'hui.

Un enfant qui est sage est la joie de son père; l'enfant insensé est la tristesse de sa mère.

Les lèvres menteuses sont en abomination au Seigneur, et celui qui dit le mensonge périra.

Ne répondez point avant d'avoir écouté, et n'interrompez point une personne qui parle.

Une bonne réputation vaut mieux que de grandes richesses.

Il faut obéir à Dieu plutôt qu'aux hommes.

Si votre ennemi a faim, donnez lui à manger; s'il a soif, donnez lui à boire.

Un seul enfant qui craint Dieu vaut mieux que mille qui sont méchants.

Ne faites point de mal, et il ne vous en arrivera pas.

Ne négligez point de prier et de faire l'aumône. — Chacun sera récompensé selon son travail.

Celui qui craint Dieu sera heureux à la fin de sa vie, et il trouvera grâce au jour de sa mort.

L'ouvrier sujet au vin ne deviendra point riche.

Obéissez à vos supérieurs et soyez soumis à leurs ordres.

Nota.—A partir d'ici, l'élève doit s'appliquer à répondre aux questions que le Maître lui adressera sur la leçon. Voir, à ce sujet, une remarque de l'*Avertissement*, page 4.

Tous les matins, Albert se lève de bonne heure.

Sa maman ne l'appelle jamais deux fois;

Il sait que la paresse est un vilain défaut.

Il n'a que six ans, et déjà il s'habille tout seul.

A son âge, tous les enfants doivent savoir s'habiller seuls.

Albert est toujours de bonne humeur en se levant.

Rien n'est plus désagréable qu'un enfant qui s'éveille et se lève en grognant.

Quand Albert ne pouvait pas encore s'habiller seul,

Il aidait sa maman autant qu'il le pouvait,

Et il n'oubliait jamais de la remercier. (Questions sur la leçon, V. p. 4.)

Benoît ne manque jamais, en s'habillant, de se laver les mains et le visage.

Il n'a pas peur de l'eau froide, même en hiver.

Aussi, il a toujours les mains blanches et le visage frais.

Il a aussi grand soin de se peigner, et il *com*mence à le faire seul ;

Mais, de temps en temps, il prie sa maman de lui aider;

Et sa maman s'empresse de le faire.

On dit qu'il y a des enfants qui n'ont pas soin de se laver ni de se peigner.

On dit même que quelques-uns ne veulent pas qu'on les peigne.

Je ne puis le croire, tant ce serait vilain. (Questions sur la leçon, V. p. 4.)

Faire lire chaque élève, sans épeler à haute voix, jusqu'à la rencontre d'un alinéa.

Aussitôt qu'il est habillé, lavé et peigné,

Charles se met à genoux et récite la prière du matin.

Il la sait par cœur tout entière.

Sa sœur, la petite Henriette, la lui a apprise.

Le plus souvent, il la fait avec elle en présence de sa maman.

Après cela, Charles souhaite le bonjour à son papa et à sa maman s'il ne les a déjà vus.

Il embrasse aussi son frère,

Ensuite il va trouver sa grand'-maman, qui est vieille et infirme ;

Il l'embrasse et lui demande si elle a bien dormi.

Enfin, Charles déjeune et se tient prêt pour l'heure de l'école.

Voici le petit Delphin qui se rend à l'école, son carton sur le dos;

Il choisit le plus beau chemin, afin de ne pas se salir;

Il marche sans s'arrêter ni crier.

Le voilà qui salue un monsieur qui passe à côté de lui.

Ce monsieur a l'air fort satisfait.

C'est que rien ne fait plaisir comme de voir un enfant poli.

On doit saluer les personnes que l'on rencontre, à moins qu'il n'y ait beaucoup de monde;

Alors, on ne salue que les personnes de sa connaissance et ses supérieurs.

Delphin arrive devant la cour de l'école, il y entre,

Car l'heure va bientôt sonner, l'heure de l'entrée.

Eugène est un bon écolier.

Que faut-il donc faire à l'école pour être bon écolier?

Le voici; voici ce que fait Eugène;

Il ne manque jamais à l'école et s'y rend toujours à l'heure prescrite;

Sa personne et ses habits sont toujours propres;

Ses cahiers, ses livres, ses plumes sont en ordre dans son carton, et parfaitement tenus.

Il ne les oublie jamais;

Tant que dure la classe, il ne s'occupe que de ses devoirs;

Il écoute avec attention ce que dit le maître, et jamais il ne cause avec ses voisins.

Aussi, il fait des progrès, mérite des récompenses et n'est jamais puni.

Le dimanche, Félix ne manque jamais de se rendre à l'église pour y assister aux offices ;

Il arrive toujours un peu avant que l'office commence.

Le voilà qui entre ; il prend de l'eau bénite, et fait avec attention le signe de la croix.

Il marche posément et va se placer sans déranger personne ;

Il ne s'assied qu'après avoir fait à genoux une courte prière.

Félix ouvre son livre, et, tant que dure l'office, il en suit les prières avec dévotion.

Jamais on ne le voit causer, se dissiper, rire ou se retourner.

Il se lève et s'agenouille quand il le faut et sans qu'on le lui dise.

Enfin sa posture est toujours très-convenable.

Quand je vais chez la petite Geneviève; je la trouve toujours son catéchisme à la main.

Lorsqu'elle ne savait point encore lire, elle priait sa maman de lui apprendre sa leçon.

Elle apprend aussi l'évangile.

Geneviève sait toujours ses leçons pour les réciter à l'école.

Aussi elle les récite sans faute à l'église, et elle est la première de sa division.

Quand M. le Curé l'interroge, elle se lève respectueusement et répond avec modestie.

Geneviève écoute attentivement les explications que l'on donne du catéchisme.

C'est pour cela qu'elle répond si bien quand on l'interroge

Nos supérieurs, les supérieurs de tous les enfants,

Ce sont spécialement ceux qui sont chargés de notre éducation.

C'est d'abord M. le Curé, qui nous enseigne la religion et nous en procure les bienfaits;

C'est le Maître sous la direction duquel nos parents nous pla*cent* à l'école.

Nous devons les respecter et leur obéir comme à nos parents.

Ils nous por*tent* le plus grand intérêt; ils travail*lent* et se fati*guent* pour nous instruire.

Nous devons leur en savoir gré et avoir en eux toute confiance.

Ce serait commettre l'impolitesse la plus grave que de manquer à les saluer quand nous les rencontrons.

J'ai dîné aujourd'hui avec le petit Henri, chez son papa.

Il se tient fort bien à table.

D'abord il s'est placé sans bruit sur la chaise qu'on lui a indiquée;

Puis il a récité le Bénédicité et il a attendu sans rien dire qu'on lui ait servi quelque chose.

Un enfant ne doit rien demander à table, si ce n'est du pain quand il en manque.

Il doit remercier poliment chaque fois qu'on lui rend quelque service. Henri n'y a pas manqué.

Son couteau et sa fourchette étaient à droite de son assiette, et son pain à gauche.

Il ne s'est pas renversé sur sa chaise, ni trop appuyé sur la table.

On dit que Jus tin est un bon écolier, mais n'ai me-t-il point trop à jouer?

Non, car Jus tin joue de tout son cœur quand il est en ré cré a tion;

Mais il é tu die de mê me quand il est à l'é tu de.

Jus tin ne se que rel le point au jeu a vec ses ca ma ra des.

Il ne joue que pour s'a mu ser, se ré jouir,

Et non pour se cha gri ner, se bat tre ou dé chi rer ses ha bits.

Il ne man que pas de ca ma ra des pour jouer; tous veu lent ê tre de ses parties,

Par ce qu'il choi sit tou jours les jeux les plus a mu sants, et qu'il ne se fâ che ja mais.

Jus tin ne met point d'ar gent au jeu; je n'y en met trai ja mais non plus.

Léon et Myrtil sont presque toujours ensemble,

Mais on ne les voit jamais avec les petits garçons qui coure*nt* les rues,

Avec ceux qui désobéisse*nt* à leurs parents, se batte*nt* ou se dise*nt* des injures.

J'irai avec Léon et Myrtil; je les engagerai à venir jouer avec moi, papa me le permet;

Mais il me défend d'aller avec les enfants méchants, qui ne se réunisse*nt* que pour faire du mal.

Je donnerais lieu de penser que je suis méchant comme eux,

Et je le deviendrais bientôt, car ma grand'maman cite un vieux proverbe bien vrai:

Dis-moi qui tu hantes, je te dirai qui tu es.

C'est aujourd'hui jeudi, c'est le jour de congé.

Numa passe la journée avec ses frères et sœurs;

Il va aussi quelquefois chez sa tante et joue avec ses cousins;

Mais il ne sort jamais sans en demander la permission.

Une autre fois ce sont ses cousins qui viennent chez lui;

Alors il se montre fort complaisant à leur égard, et leur prête tous ses joujoux.

S'il a quelques friandises, il les partage avec eux de bon cœur.

Numa ne joue pas toute la journée; il étudie ses leçons et prépare ses devoirs pour le lendemain.

Et si ses parents lui commandent quelque chose, il s'empresse de leur obéir.

Octave est toujours avec son petit frère Paul.

Un frère est un camarade que le bon Dieu nous a donné.

Nous devons l'aimer de tout notre cœur, le protéger en toute occasion et lui donner bon exemple.

Si l'habit de notre frère est plus beau ou plus neuf que le nôtre, n'en soyons point jaloux:

Une autre fois, ce sera le nôtre qui sera plus joli que le sien.

Octave a encore un frère et une sœur plus âgés que lui.

Il est docile avec eux comme avec son papa et sa maman;

Il obéit à tous indistinctement.

Aussi, quand il a besoin de quelque chose, c'est à qui lui rendra service; et ainsi tous sont heureux, les parents et les enfants.

René vient de lire sans faute deux pages de son livre ;

Il sait aussi très-bien sa leçon de catéchisme, et il a rapporté hier la croix de l'école.

Ainsi il va aller se promener avec sa maman.

Le voilà qui sort; voyez comme il est heureux et content, et cela sans courir ni sauter.

Une dame salue sa maman; René ôte poliment sa casquette.

Plus loin, il rencontre le pauvre petit Isidore, qui marche nu-pieds dans la boue bien froide,

Et qui va à la ferme voisine mendier un verre de lait pour sa petite sœur.

Son papa est mort dernièrement, et, depuis lors, sa maman est malade.

Isidore est très-malheureux ; il a bien froid ; sans doute il a bien faim aussi.

René s'arrête : Maman dit-il, je ne vais pas avoir faim ;

Veux-tu me permettre de donner au petit malheureux le gâteau qui est dans mon panier ?

J'ai quelques sous dans ma bourse ;

Au lieu d'acheter un joujou, je pourrais donner à Isidore une paire de sabots.

Oui, dit la maman attendrie, et je lui donnerai une paire de bas.

Isidore mangea le gâteau ; il ne marcha plus nu-pieds dans la boue,

Et René fut plus heureux que s'il eût eu tous les joujoux du monde.

Pourquoi le cimetière est-il ouvert tous les dimanches?

Pourquoi va-t-on s'y promener?

On ne va pas se promener au cimetière, on y va prier et visiter les tombes de ses parents, de ses amis.

Je suis allé au cimetière;

J'y ai vu la petite Camille avec sa sœur aînée.

Ces pauvres enfants se sont agenouillées au pied d'une tombe.

Elles y ont prié longtemps et versé bien des larmes.

C'est la tombe de leur mère...

Nous avons tous quelque tombe à visiter au cimetière.

L'un y a celle de son grand-papa, l'autre celle d'un frère, d'une sœur, d'un camarade.

Oh ! je respecterai le cimetière, je m'y tiendrai comme à l'église.

Ursule est seule dans la maison; sa maman est sortie et son papa est au jardin.

Un mo*n*sieu*r* et une dame arrive*nt* avec des enfants.

Ursule s'enpresse d'ouvrir la porte et salue avec grâce.

Elle dispose des chaises.

Veuillez vous asseoir, dit-elle, je vais appeler papa; mais voici maman qui arrive.

Elle s'empresse de déba*r*rasser les enfants de leurs manteaux ou de leurs chapeaux.

Elle met à leur disposition tout ce qu'elle possède de joujoux.

Elle va se promener avec eux dans la cour et dans le jardin;

Elle fait, en un mot, tout ce qui peut être agréable à ses jeunes camarades.

Tous les soirs, après l'école, Xavier se rend exactement à la maison.

En été, lorsque son papa travaille dans les champs,

Il n'a pas de plus grand plaisir que d'aller l'y trouver.

En hiver, Xavier prend place autour de la table ou travaille*nt* sa mère et ses sœurs ;

Il étudie ses leçons ou fait une lecture dans un beau livre qne son parrain lui a donné.

Oh ! dit-il à son papa, quand je serai plus grand, quand je saurai écrire et calculer,

C'est moi qui tiendrai ton registre et compterai tes mémoires.

Quelquefois le grand-papa de Xavier raconte une belle histoire.

La soirée se passe gaiement et personne ne s'endort.

Après le sou per et la pri è re du soir, qui se fait en com mun,

Vic tor sou hai te le bon soir à son pa pa, à sa ma man et à ceux qui se trou ve*nt* dans la mai son;

Puis, sans qu'on ait be soin de le lui di re, il se rend a vec son frè re dans l'ap par te ment où est leur lit.

Il ai de son frè re à se dé sha bil ler et se dé sha bil le lui-mê me en di li gen ce et a vec mo des tie.

Il ran ge les ha bits de son frè re et les siens pour les con ser ver pro pres et les re trou ver fa ci le ment.

En sui te il se met au lit.

Et, au lieu de se que rel ler, les deux frè res ré ci te*nt* u ne cour te pri è re.

En fin, a près que leur mè re est ve nue leur don ner le der nier bai ser, ils s'en-dor me*nt* heu reux et tran quil les.

1. Les enfants dont nous venons de parler se conduise*nt* fort bien.

2. Nous voulons les imiter; et pour cela, voici ce que nous ferons :

3. Nous nous lèverons le matin à l'heure marquée par nos parents.

4. Nous nous habillerons seuls, modestement et prom*p*tement ;

5. Nous laverons exactement nos mains et notre visage, et nous nous peignerons avec le plus grand soin ;

6. Nous souhaiterons le bonjour à nos parents, et nous leur obéirons avec empressement.

7. A l'heure prescrite, nous nous rendrons à l'école sans nous arrêter.

8. Nous saluerons les personnes que nou*s* rencontrerons.

9. Et tout particulièrement nos supérieurs et ceux de nos parents : M. le Maire et M. le Curé.

10. Nous nous conduirons à l'école de manière à mériter les éloges de notre maitre.

11. Nous regarderons l'église comme la maison de Dieu, et nous nous y tiendrons avec respect.

12. Nous apprendrons nos leçons et nous ferons nos devoirs avec soin.

13. Nous serons très-respectueux envers nos supérieurs, et nous écouterons leurs avis avec reconnaissance.

14. Nous nous garderons bien de nous moquer des vieillards et des infirmes, car le bon Dieu nous punirait.

15. Nous serons compatissants envers les pauvres et nous tâcherons de les soulager.

16. Nous serons bons camarades, et nous ne nous fâcherons jamais dans nos jeux.

17. Nous aimerons tendrement nos frères et nos sœurs.

18. Nous n'entrerons jamais dans quelque maison que ce soit sans nous découvrir;

19. Nous attendrons pour remettre notre coiffure qu'on nous y invite ou que nous soyons sortis.

20. A la table, nous aurons une posture convenable, et nous mangerons proprement et modérément.

21. Nous ne sortirons point de chez nous sans en demander la permission à nos parents;

22. Nous n'aurons pour camarades que des enfants polis et honnêtes,

23. Ceux que nos parents nous permettront de fréquenter, et qu'ils voudront bien laisser venir avec nous;

24. Mais nous n'irons jamais avec les méchants enfants qui dise*nt* des injures,

25. Ni avec ceux qui batte*nt* leurs camarades et qui jette*nt* des pierres.

26. Lorsqu'il viendra quelqu'un chez nous, nous nous montrerons polis et prévenants;

27. Mais nous ne parlerons que quand on nous interrogera,

28. Et nous n'oublierons jamais de dire, selon le cas, oui, monsieur; non, madame, etc.

29. Nous ferons exactement nos prières du matin et du soir;

30. Nous ne manquerons jamais ni à l'école, ni au catéchisme, ni aux offices.

31. Les jours de congé et le soir, après l'école, nous tacherons de nous rendre utiles à nos parents.

32. Nous nous garderons bien de mentir; nous avouerons nos fautes et nous en demanderons pardon.

33. Enfin nous nous efforcerons de contenter nos parents et nos maîtres, et d'édifier nos camarades.

LE BON DIEU (1).

Le bon Dieu est au ciel, en la terre et en tous lieux;

C'est lui qui nous a donné la vie et qui nous la conserve;

C'est lui qui nous a donné notre père, qui travaille tous les jours pour nourrir ses petits enfants;

C'est lui qui nous a donné notre bonne mère, qui nous aime tant.

Le bon Dieu voit tout ce que nous faisons; il entend tout ce que nous disons.

Rien ne lui est caché : il connaît jusqu'à nos plus secrètes pensées.

Il voit ce qui se passe dans les ténèbres les plus épaisses.

Et il punira sévèrement ceux qui font le mal.

Mais il récompensera ceux qui l'aiment et qui font le bien,

Car le bon Dieu nous a créés pour être heureux en l'autre vie;

---

(1) Rappeler la prononciation des diphthongues : *dia, dié, diè, Dieu*, etc. (Voir page 14.)

Mais il veut que nous lui obéisions sur la terre.

Il veut que les petits enfants ai*ment* bien leurs parents et leurs maîtres;

Il veut qu'ils soie*nt* dociles, obéissants et soumis à leurs supérieurs.

Il veut qu'ils se tienne*nt* parfaitement à l'église et à l'école.

Il veut qu'ils soie*nt* toujours attentifs à ce qu'on leur dit, et qu'ils étudie*nt* bien leurs leçons,

Et il n'aime point les enfants indociles et inappliqués;

Ni ceux qui joue*nt* et qui babille*nt* sans cesse;

Ni ceux qui dise*nt* des injures à leurs camarades, ou qui font du mal avec eux.

Dieu peut faire tout ce qu'il veut, mais il ne veut pas le mal:

S'il permet qu'il nous en arrive, c'est que nous l'avons mérité,

Ou bien, c'est qu'il veut éprouver notre fidélité pour mieux nous récompenser.

Tout ce que nous voyons n'a pas toujours existé:

Autrefois, le soleil n'éclairait point la terre pendant le jour.

La lune et les étoiles n'étaie*nt* point visibles durant la nuit;

La terre elle-même ne produisait ni arbres, ni fleurs, ni fruits.

Dieu seul était, parce qu'il a toujours existé.

C'est le bon Dieu qui a créé le ciel et la terre, en six jours:

Le premier jour, il fit la lumière, qu'il sépara d'avec les ténèbres;

Le second jour, il créa le firmament, qu'il appela ciel;

Le troisième jour, Dieu rassembla les eaux qui étaie*nt* répandues sur la terre et forma les mers;

Ensuite il commanda à la terre de produire les arbres et les plantes:

Aussitôt la terre, auparavant toute nue, se couvrit de verdure,

Elle ressembla à un beau jardin.

Le quatrième jour, Dieu créa le soleil, la lune et les étoiles, et il les mit dans le firmament;

Le cinquième jour, il créa les poissons, qui nag*ent* dans l'eau, et les oiseaux qui vol*ent* dans l'air;

Le sixième jour, Dieu créa les animaux et toutes les bêtes de la terre,

Depuis le cheval et le lion jusqu'au plus petit insecte.

A la fin du sixième jour, Dieu forma l'homme à son image et à sa ressemblance.

Enfin le septième jour, Dieu se reposa, c'est-à-dire qu'il cessa de produire de nouvelles créatures.

C'est en mémoire de ce repos de Dieu que nous devons sanctifier le saint jour du dimanche:

On sanctifie le dimanche en s'abstenant de travailler,

En assistant aux offices divins, et en priant Dieu, qui est si bon pour nous.

Le premier homme créé de Dieu s'appelait Adam;

La première femme se nommait Ève.

Adam et Ève avai*ent* été placés dans un magnifique jardin, qu'on appelle le paradis terrestre.

Ce lieu était planté d'arbres beaux à la vue, et chargés de fruits délicieux.

Au milieu étai*ent* l'arbre de vie et l'arbre de la science du bien et du mal.

Dieu avait défendu à nos premiers parents de manger du fruit de ce dernier.

Si tu en manges, dit Dieu à Adam, tu mourras.

Cependant, Ève, trompée par le démon, mangea du fruit défendu,

Et elle en présenta ensuite à Adam, qui en mangea pareillement.

Aussitôt leurs yeux fur*ent* ouverts, et ils reconnur*ent* qu'il étaient nus.

Et Dieu dit à la femme : Puisque tu n'as désobéi, je multiplierai tes maux :

Tu enfanteras dans la douleur et tu seras sous la puissance de ton mari.

Puis il dit à Adam : Parce que tu as écouté la voix de ta femme, la terre sera maudite à cause de toi ;

Tu n'en tireras chaque jour ta nourriture qu'avec un grand travail :

Tu mangeras ton pain à la sueur de ton front, jusqu'à ce que tu retournes dans la terre d'où tu as été tiré ;

Car tu es poussière et tu retourneras en poussière ; tu mourras.

Et le Seigneur revêtit Adam et Ève de peaux d'animaux, et les chassa du paradis terrestre.

Cette histoire nous montre que la désobéissance est un grand péché aux yeux du bon Dieu ;

Il ne faut donc point être désobéissants.

Adam et Ève eur*ent* d'abord deux fils, Caïn et Abel.

Le premier était laboureur, le second pasteur de brebis.

Caïn, qui était méchant et avare, n'offrait à Dieu que ce qu'il avait de plus mauvais.

Abel, au contraire, était bon et généreux;

Il offrait à Dieu tout de qu'il avait de meilleur parmi ses agneaux.

Dieu aimait Abel et méprisait Caïn.

Caïn voyant que ses présents n'étaie*nt* point agréés du Seigneur, entra dans une grande colère.

Il conçut de la haine et de la jalousie contre son frère.

Le Seigneur lui dit : Pourquoi ce chagrin? Si tu faisais le bien, n'en recevrais-tu pas la récompense?

Mais Caïn resta sourd à l'avertissement de Dieu.

Un jour il dit à Abel: Viens avec moi dans les champs;

Et, quand ils y furent, il se jeta sur son frère et le tua.

Mais le Seigneur lui dit: Où est Abel?

Caïn répondit insolemment: Je ne sais pas; suis-je le gardien de mon frère?

Malheureux! qu'as-tu fait? dit le Seigneur; le sang d'Abel crie vers moi...

Tu seras maudit et vagabond sur la terre qui a bu le sang du juste.

Et Caïn, ayant pris la fuite, mena loin d'Adam et d'Ève une vie empoisonnée par le remords.

Il ne faut point imiter Caïn.

Il faut, au contraire, aimer tendrement ses frères et ses sœurs, et chercher à leur être agréable.

Dieu nous punirait si nous faisions le moindre mal à nos frères, à nos sœurs ou à nos camarades.

Adam eut un troisième fils, nommé Seth.

Les enfants de Seth s'étant unis à ceux de Caïn, ils devinrent tous méchants.

Car on devient toujours méchant quand on fréquente de mauvaises compagnies.

Il n'y avait donc plus qu'un homme juste sur la terre, c'était Noé.

Dieu lui dit : J'ai résolu de détruire le genre humain, qui a oublié ce que j'ai fait pour lui.

Fais-toi une arche de bois de cèdre, longue de trois cents coudées, haute de trente, et large de cinquante.

Noé exécuta les ordres du Seigneur, et mit cent ans à construire l'arche;

Mais les hommes ne se corrigèrent point, quoi qu'ils sussent bien ce qui devait arriver.

Et Dieu dit à Noé : Entre dans l'arche, toi et ta famille ;

Fais-y entrer aussi plusieurs couples de chaque espèce d'animaux.

Noé entra dans l'arche, et la pluie tomba pendant quarante jours et quarante nuits ;

Les eaux s'élevèr*ent* de quinze coudées au-dessus des plus hautes montagnes.

Tout le monde périt, même les petits enfants et leur mères.

Il n'y eut de sauvés que Noé et sa famille, qui étai*ent* dans l'arche.

Car le grand vaisseau flottait sur les eaux, et il ne fut point submergé.

Au bout d'une année, Noé sortit de l'arche et en fit sortir les animaux.

Cette histoire nous apprend que Dieu ne laissera point impunis les péchés des hommes ;

Elle nous montre aussi que Dieu récompense la vertu, même dès cette vie.

Noé avait 3 fils: Sem, Cham et Japhet.

Après le déluge, Noé et ses enfants élevèrent un autel au Seigneur.

Ils le remercièrent de leur avoir conservé la vie.

Puis ils se mirent à cultiver la terre avec ardeur.

Noé planta la vigne, et, ayant fait du vin, il en but avec excès et s'enivra.

Mais il ne pécha point, car il ne connaissait pas la force du vin.

En dormant dans sa tente, il se trouva découvert par hasard;

Et Cham, son fils, qui l'aperçut le premier, se moqua de lui.

Puis il appela ses frères pour rire avec eux de l'état de leur père.

Mais Sem et Japhet n'imitèrent point Cham; au contraire,

Ils mirent un manteau sur leurs épaules, et, marchant à reculons,

Ils couvrirent, sans la voir, la nudité de leur père.

A son réveil, Noé apprit ce qui s'était passé ;

Il maudit Chanaan, fils de Cham, et il bénit la postérité de Sem et de Japhet.

Et Dieu ratifia la sentence de Noé.

Chanaan fut l'esclave de ses frères; il leur fut soumis en tout,

Et, aujourd'hui même, les pauvres nègres, qui descendent de Chanaan, sont les plus malheureux des hommes.

Ils semblent encore subir le châtiment que Cham avait mérité pour s'être moqué de son père.

Dans quelque circonstance que ce soit, un enfant ne doit jamais se moquer de ses parents.

Dieu a promis une longue vie à ceux qui aime*nt* et qui respecte*nt* les auteurs de leurs jours.

Tes père et mère honoreras,
Afin de vivre longuement,

dit le quatrième commandement de Dieu.

Après le déluge, les hommes redevinrent méchants comme auparavant.

Ils oublièrent encore celui qui les avait créés.

C'est pourquoi Dieu appela, c'est-à-dire choisit Abraham pour être le chef d'un nouveau peuple.

Abraham fit tout ce que Dieu lui commandait.

Il quitta son pays et ses parents pour obéir à Dieu.

Et Dieu, pour le récompenser, lui donna un fils appelé Isaac.

Quand Isaac fut grand, Dieu ordonna à Abraham de le faire mourir.

Car il voulait éprouver la foi du saint patriarche.

Abraham ne murmura point contre l'ordre de Dieu.

Il était sur le point d'immoler son fils lorsqu'un ange lui cria du haut du ciel :

Abraham, Abraham, ne frappe pas l'enfant et ne lui fais aucun mal,

Je connais maintenant que tu crains Dieu,

Puisque, pour lui obéir, tu n'as pas épargné ton fils unique.

Ta postérité sera nombreuse comme les étoiles du ciel; tu deviendras le chef d'un grand peuple,

Et en toi seront bénies toutes les nations de la terre.

Ce qui signifiait que, de sa postérité, naîtrait le Sauveur promis à nos premiers parents.

Isaac eut deux fils: Ésaü et Jacob.

Et Jacob fut le père des douze patriarches.

C'est ainsi que Dieu récompensa la foi et la piété d'Abraham;

C'est ainsi qu'il récompensera les enfants obéissants;

Car l'obéissance est une vertu très-agréable à Dieu.

Joseph était un des fils de Jacob.

Il fut vendu par ses frères et conduit en Égypte;

Il devint premier ministre du roi.

Une grande famine étant survenue dans le pays de Chanaan,

Les frères de Joseph allèr*ent* en Égypte pour acheter du blé.

Et Joseph les reconnut.

Il aurait pu se venger du mal qu'ils lui avaient fait;

Il aurait pu les jeter en prison et les faire mourir.

Il aima mieux leur pardonner.

Il ne leur fit aucun reproche; au contraire,

Il les traita avec bonté et les engagea à venir demeurer auprès de lui.

Il leur dit d'amener avec eux son bon père Jacob et tout ce qu'il possédait;

Et surtout de ne point oublier

le petit Benjamin, le plus jeune de ses frères.

Jacob vint donc s'établir en Égypte avec ses enfants;

Il revit son fils chéri, qu'il croyait mort depuis longtemps;

Il l'embrassa tendrement et le combla de bénédictions.

Et Joseph présenta son père au roi, qui le reçut fort bien.

Et la famille de Jacob vécut heureuse en Égypte.

Suivant la promesse du Seigneur, elle devint un grand peuple.

Et, au bout de quatre cents ans, Dieu conduisit ce peuple dans la terre qu'il avait promise à Abraham.

Mais il avait voulu récompenser la vertu de Joseph,

Parce qu'il avait généreusement pardonné à ses frères le mal qu'ils lui avaient fait autrefois.

Nous devons tous suivre l'exemple de Joseph.

Le petit Samuel était le fils d'une pauvre femme nommée Anne.

Sa mère avait promis de le consacrer à Dieu;

Dès qu'il eut trois ans, elle le présenta au grand-prêtre;

Et comme Samuel était fort sage, le grand-prêtre l'aimait beaucoup.

Sa mère venait le voir tous les ans et lui apportait une petite tunique de lin, qu'il portait dans les jours de fête.

Il servait tous les jours le grand-prêtre dans le tabernacle,

Et, la nuit même, il reposait dans un appartement voisin de celui du pontife.

Cet aimable enfant croissait en âge et en vertu;

Il était aussi agréable à Dieu qu'aux hommes;

Et quand le grand-prêtre fut mort, Samuel lui succéda.

La ville de Béthel était située sur ne hauteur,

Le prophète Élisée s'y rendit un our;

Il rencontra en chemin de petits enants qui étaient sortis de la ville.

Ces enfants étaient méchants;

Ils avaient un mauvais cœur.

Le saint prophète était vieux et vait la tête toute nue;

Il avait beaucoup de peine à gravir à colline.

Au lieu de le soulager, les méchants nfants se moquaient de lui :

Monte, chauve, lui disaient-ils, mone à la ville.

Élisée maudit ces enfants insolents,

Et aussitôt deux ours sorti*rent* d'un ois voisin et en dévorè*rent* quarane-deux.

Voilà une terrible punition.

Il faut respecter les vieillards.

Il y avait un saint homme qui s'appelait Tobie.

Il avait aimé le Seigneur dès sa plus tendre enfance.

Cependant pour éprouver sa vertu, Dieu permit qu'il devînt aveugle pour quelque temps.

Se croyant près de mourir, il appela son fils et lui dit :

Mon fils, écoute mes paroles et conserve-les dans ton cœur ;

Lorsque Dieu aura reçu mon âme, ensevelis mon corps :

Honore ta mère tous les jours de ta vie, car elle a bien souffert pour toi.

Sois charitable autant que tu le pourras, et ne détourne point ton visage du pauvre.

Afin que Dieu ne détourne point de toi ses regards :

Donne beaucoup si tu as beaucoup et peu si tu as peu, mais de bon cœur.

Ne souffre point que l'orgueil domine dans tes pensées ou dans tes paroles,

Car c'est par l'orgueil que tous les maux ont commencé.

Ne fais pas à autrui ce que tu serais fâché que l'on te fît à toi-même.

Paie à l'ouvrier ce qui lui est dû, et que son salaire ne reste jamais entre tes mains.

Demande toujours conseil à un homme sage.

Bénis Dieu en tous temps, et prie-le qu'il te conduise en tous tes desseins.

Tobie ajouta: Nous sommes pauvres, mon fils, mais nous aurons beaucoup de bien si nous craignons Dieu.

Mon père, dit le jeune Tobie, je ferai tout ce que vous m'avez commandé.

C'est ainsi que les enfants doive*nt* faire eux-mêmes, s'ils veule*nt* être aimés de Dieu et des hommes.

LES JOURS, LES MOIS, LES (1) ANNÉES.

Le soleil se lève le matin ; il monte dans le ciel jusqu'à midi;

Il redescend jusqu'au soir et se couche.

Alors le jour finit (1) et la nuit commence.

Le milieu de la nuit se nomme minuit, comme le milieu du jour se nomme midi.

De minuit (1) à midi, c'est le matin ;

De midi à minuit, c'est le soir.

D'un minuit (1) à l'autre, il y a vingt-quatre heures.

L'aiguille de l'horloge fait deux fois le tour du cadran pendant ce temps, qu'on appelle un jour.

Une heure vaut soixante minutes, une demi-heure en vaut trente, et un quart-d'heure en vaut quinze.

La semaine commence le dimanche et finit le samedi.

Elle est de sept jours: dimanche, lundi, mardi, mercredi, jeudi, vendredi, samedi.

---

(1) On fait la liaison entre deux mots quand le premier finit par une consonne (b, c, d, ...), et que le suivant commence par une voyelle ou une *h* muette. Les voyelles sont *a*, *e*, *i*, *o*, *u*, *y*. Toutes les autres lettres sont des consonnes.

Il y a douze mois: janvier, février, mars, avril, mai, juin, juillet, août, septembre, octobre, novembre, décembre.

Les mois ont trente ou trente et un jours; février n'en a que vingt-huit ou vingt-neuf.

Les douze mois font un an ou une année.

L'année est de trois cent soixante-cinq jours, c'est à peu près cinquante-deux semaines.

Tous les quatre ans, l'année a trois cent soixante-six jours et se nomme année *bissextile.*

C'est alors que le mois de février a 29 jours.

Il y a dans l'année 4 saisons de chacune 3 mois: le printemps, l'été, l'automne et l'hiver.

En été, les jours sont très-longs et il fait chaud; en hiver, les jours sont très-courts et il fait froid.

Le printemps est la saison des fleurs, et l'automne est la saison des fruits.

Cent ans font un siècle.

Nous comptons les années à partir de l'époque où N.-S. J.-C. est venu sur la terre.

Le laboureur cultive les champs :

Il récolte les fourrages, l'orge, l'avoine, etc., pour nourrir les animaux ;

Le chanvre et le lin, dont l'écorce sert à faire des cordages et de la toile ;

Le colza, dont on écrase la graine pour en extraire l'huile de nos lampes ;

Enfin le blé, dont on fait le pain, notre nourriture de tous les jours.

Quand le blé est battu, on le porte au moulin.

Celui qui conduit le moulin est le meunier.

Au moulin, les grains de blé sont écrasés entre deux grandes meules de pierre.

Le blé moulu donne la farine ;

Avec la farine, le boulanger fait du pain.

Le cultivateur élève les animaux domestiques :

Le cheval, qui traîne les voitures et tire la charrue avec le bœuf ;

La vache, qui nous donne du lait dont on fait le beurre et le fromage ;

Les moutons, dont la toison ou la laine sert à nous faire des vêtements chauds pour l'hiver ;

Les volailles, qui nous donnent des œufs, dont la chair est délicieuse :

Les principaux oiseaux de la basse-cour nt les poules, les canards, les oies et les ndons.

Quand le bœuf, la vache et les moutons nt gras, le cultivateur les vend au boucher;

Le boucher les tue et en vend la viande.

La peau des animaux sert à faire le cuir.

C'est avec le cuir que le cordonnier nous it des souliers et des bottes.

La belle profession que celle d'agriculteur !

Elle nous fournit ce qui nous est néces-ire pour notre nourriture et notre vêtement.

C'est certainement la plus utile de toutes s professions ; c'est aussi la plus ancienne.

Pour que la terre produise le blé et les tres plantes, il faut que le laboureur en ne la graine dans la terre.

Mais qui fait germer la graine et croître plantes ? C'est le bon Dieu.

Aimons donc le bon Dieu, qui nous donne t de biens.

Le tailleur et la couturière font nos habit

Le chapelier fabrique ou vend des chapeaux et des casquettes.

Le maçon bâtit des maisons, et les charpentiers en font la charpente ;

Le couvreur en fait le toit ou la couverture

Le menuisier fait les portes, les croisées les persiennes; et le serrurier les ferre e met les serrures et les verrous.

Le maréchal ferre les chevaux.

Le sellier fait les harnais et les voitures.

Le charron fait les chariots et les charrues.

Le tonnelier fait des tonneaux, de baquets, des brocs et des seaux.

Le ferblantier fait des arrosoirs, des lanternes, des entonnoirs, des lampes, etc.

L'ébéniste fait des meubles.

L'orfévre travaille l'or et l'argent, et vend des montres et des bijoux.

Le pharmacien prépare les remèdes.

Le pâtissier fait des gâteaux, et le confiseur des sucreries. — Les aimez-vous ?

Caen.—Imprimerie Pagny, rue Froide, 27.—1869.

DES MÊMES AUTEURS:

LECTURE.

Premier Alphabet à l'usage des commençants . . 10 cent.
Tableaux de Lecture (17 sur demi-raisin). . . . 1 fr. 25

ÉCRITURE.

Neuf feuilles de 8 modèles; chaque feuille. . . . . . . 10 cent.

ORTHOGRAPHE ET GRAMMAIRE

Petit Recueil de mots usuels, ou premiers exercices d'orthographe et de grammaire ; in-12 (6000 mots). . . 30 cent.
Grammaire des enfants, avec exercices en regard du texte, et modèles d'analyse; par plusieurs Instituteurs. . . 60 cent.
Questionnaire sur la Grammaire des enfants. . . . . 10 cent.
Exercices orthographiques sur la même, in-12. 1 fr. 50
La 1re ou la 2e partie séparément . . . . 80 cent.
Cours de dictées, renfermant le corrigé des Exercices orthographiques et de nombreux exercices de style ; fort in-12. . . . . 2 fr. »
Grammaire française, d'après la méthode de Lhomond et les principes du Dictionnaire de l'Académie ; un vol. in-12 de 200 pages . . . . 1 fr.
Exercices français et sujets de lettres ; in-12. . . . 1 fr. 25
La 1re partie séparément, 50 cent. ; la seconde, 85 cent.
Corrigé des exercices français . . . . . . 1 fr. 50

CALCUL ET ARITHMÉTIQUE.

Premiers exercices de calcul sur la numération et les quatre règles, avec de nombreux problèmes. . 30 cent.
Corrigé des exercices de calcul (réponses). . 40 cent.
Arithmétique des enfants, ou Cours de calcul sur les quatre règles et le système métrique, par plusieurs Instituteurs; in-12 cartonné. . . . . 60 cent.
Partie du Maître de l'Arithmétique des enfants. . 80 cent.
Arithmétique élémentaire renfermant de nombreuses applications sur le système métrique, les règles de trois, d'intérêt, de société, les racines, le toisé, etc. 1 fr. »
Partie du Maître de l'Arithmétique élémentaire. . 1 fr. 50
Supplément à l'Arithmétique élémentaire . . . . 15 cent.
Tableaux d'arithmétique. . . . . 50 cent.

Caen.—Imp. religieuse de Pagny, rue Froide, 27.

www.ingramcontent.com/pod-product-compliance
Ingram Content Group UK Ltd.
Pitfield, Milton Keynes, MK11 3LW, UK
UKHW021009200726
13857UKWH00004B/1365